Le grandi poesie italiane

antologia

a cura di
Duilio Chiarle

Carducci, Pascoli, D'Annunzio, Giacosa, Gozzano, Saba, Dante, Lorenzo de' Medici, Guinizelli, Petrarca, Leopardi, Manzoni, Alfieri
Ariosto, Cavalcanti, Metastasio, Campana, Tasso

Le grandi poesie italiane - Antologia di grandi poeti da Dante a Saba

Grandi poesie italiane, Volume 1

Duilio Chiarle

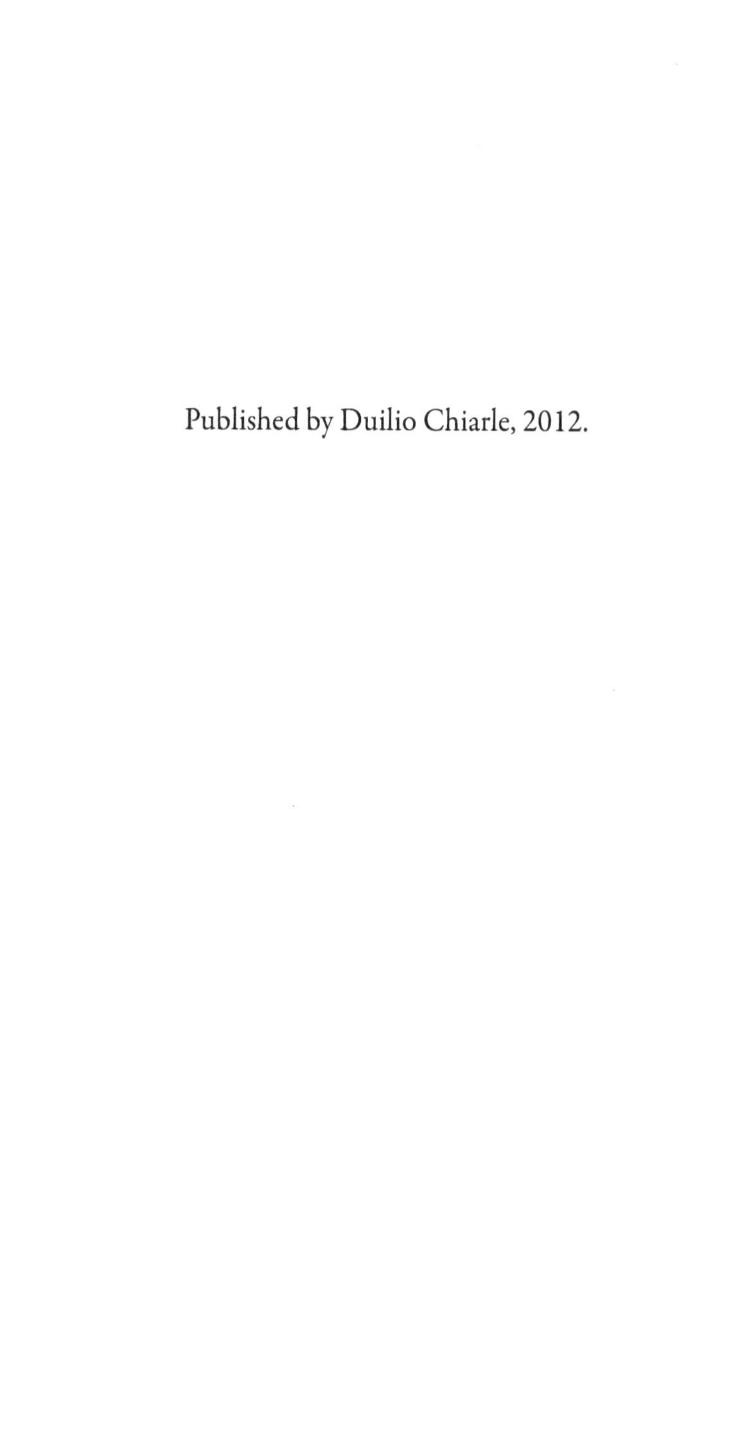

Published by Duilio Chiarle, 2012.

While every precaution has been taken in the preparation of this book, the publisher assumes no responsibility for errors or omissions, or for damages resulting from the use of the information contained herein.

LE GRANDI POESIE ITALIANE - ANTOLOGIA DI GRANDI POETI DA DANTE A SABA

First edition. September 7, 2012.

Copyright © 2012 Duilio Chiarle.

ISBN: 979-8231921102

Written by Duilio Chiarle.

Sommario

PREMESSA

Quando ho iniziato a raccogliere il materiale contenuto in questa antologia, non avevo ancora pensato di farne un'opera destinata al pubblico: doveva essere una semplice antologia ad uso di una anziana signora appassionata di poesia. Dovevano essere poesie di quelle che "si studiavano sui banchi di scuola".

Poi mi sono reso conto che nel catalogo librario, antologie di questo tipo non ne esistevano ed ho deciso di apportare modifiche alla raccolta al fine di coprire questa grave lacuna editoriale. Devo ringraziare la mia collega Tiziana per avermi dato l'idea di questa antologia.

Ecco così nascere l'antologia "Le grandi poesie italiane": Dante Alighieri, Guido Guinizelli, Guido Cavalcanti, Francesco Petrarca, Giosuè Carducci, Giovanni Pascoli, Gabriele D'Annunzio, Giuseppe Giacosa, Guido Gozzano, Umberto Saba, Lorenzo de' Medici, Giacomo Leopardi, Vittorio Alfieri, Alessandro Manzoni, Pietro Metastasio, Torquato Tasso, Dino Campana e Ludovico Ariosto.

Nella raccolta troverete poesie ingenue come "Presepe" di Gozzano, che quasi tutti i bambini hanno studiato, o magnifiche complesse opere come "La pioggia nel pineto", "L'infinito", "Il bove". Non manca, visto il 150° anniversario dell'unità d'Italia, "Piemonte" di Carducci. Ma troverete anche uno stralcio dell'opera teatrale "Una partita a scacchi" ed il testo della romanza pucciniana "E lucean le stelle", ambedue di Giacosa.

Le poesie sono sparse casualmente, senza un ordine logico ed ho volutamente omesso l'indice proprio per dare al lettore il piacere della sorpresa.

Sono conscio dell'incompletezza dell'opera: la grande poesia italiana è molto di più di ciò che vi offro; nulla toglie che un domani l'opera possa essere ampliata con l'aggiunta di altri illustri poeti del '900. Ma sono sicuro che rileggere e riscoprire queste poesie, vi darà momenti di autentica piacevole riflessione.
Buona lettura.

23 dicembre 2011

Duilio Chiarle

Le grandi poesie italiane

13

Il bove

Giosuè Carducci

T'amo, o pio bove; e mite un sentimento
di vigore e di pace al cor m'infondi,
o che solenne come un monumento
tu guardi i campi liberi e fecondi,
o che al giogo inchinandoti contento
l'agil opra de l'uom grave secondi:
ei t'esorta e ti punge, e tu co 'l lento
giro de' pazienti occhi rispondi.
Da la larga narice umida e nera
fuma il tuo spirto, e come un inno lieto
il mugghio nel sereno aer si perde;
e del grave occhio glauco entro l'austera
dolcezza si rispecchia ampio e quieto
il divino del pian silenzio verde.

San Martino

Giosuè Carducci

La nebbia a gl'irti colli
piovigginando sale,
e sotto il maestrale
urla e biancheggia il mar;
ma per le vie del borgo
dal ribollir de' tini
va l'aspro odor de i vini
l'anime a rallegrar.
Gira su' ceppi accesi
lo spiedo scoppiettando:
sta il cacciator fischiando
su l'uscio a rimirar
tra le rossastre nubi
stormi d'uccelli neri,
com'esuli pensieri,
nel vespero migrar.

La leggenda di Teodorico

Giosuè Carducci

Su 'l castello di Verona
batte il sole a mezzogiorno,
da la Chiusa al pian rintrona
solitario un suon di corno,
mormorando per l'aprico
verde il grande Adige va;
ed il re Teodorico
vecchio e triste al bagno sta.
Pensa il dì che a Tulna ei venne
di Crimilde nel conspetto
e il cozzar di mille antenne
ne la sala del banchetto,
quando il ferro d'Ildebrando
su la donna si calò
e dal funere nefando
egli solo ritornò.
Guarda il sole sfolgorante
e il chiaro Adige che corre,
guarda un falco roteante
sovra i merli de la torre;
guarda i monti da cui scese
la sua forte gioventù,

ed il bel verde paese
che da lui conquiso fu.
Il gridar d'un damigello
risonò fuor de la chiostra:
-Sire, un cervo mai sì bello
non si vide a l'età nostra.
Egli ha i piè d'acciaro a smalto,
ha le corna tutte d'òr.-
Fuor de l'acque diede un salto
il vegliardo cacciator.
-I miei cani, il mio morello,
il mio spiedo - egli chiedea;
e il lenzuol quasi un mantello
a le membra si avvolgea.
I donzelli ivano. In tanto
il bel cervo disparì,
e d'un tratto al re da canto
un corsier nero nitrì.
Nero come un corbo vecchio,
e ne gli occhi avea carboni.
Era pronto l'apparecchio,
ed il re balzò in arcioni.
Ma i suoi veltri ebber timore
e si misero a guair,
e guardarono il signore
e no 'l vollero seguir.
In quel mezzo il caval nero
spiccò via come uno strale
e lontan d'ogni sentiero
ora scende e ora sale:

via e via e via e via,
vlli e monti esso varcò.
Il re scendere vorrìa,
ma staccar non se ne può.
Il più vecchio ed il più fido
lo seguìa de' suoi scudieri,
e mettea d'angoscia un grido
per gl'incogniti sentieri:
-O gentil re de gli Amali,
ti seguii ne' tuoi be' dì,
ti seguii tra lance e strali,
ma non corsi mai così.
Teodorico di Verona,
dove vai tanto di fretta?
Tornerem, sacra corona,
a la casa che ci aspetta?-
-Mala bestia è questa mia,
mal cavallo mi toccò:
sol la Vergine Maria
sa quand'io ritornerò.-
Altre cure su nel cielo
ha la Vergine Maria:
sotto il grande azzurro velo
ella i martiri covrìa,
ella i martiri accoglieva
de la patria e de la fè;
e terribile scendeva
Dio su 'l capo al goto re.
Via e via su balzi e grotte
va il cavallo al fren ribelle:

i s'immerge ne la notte,
ei s'aderge in vèr' le stelle.
Ecco, il dorso d'Appennino
fra le tenebre scompar,
e nel pallido mattino
mugghia a basso il tosco mar.
Ecco Lipari, la reggia
di Vulcano ardua che fuma
e tra i bòmbiti lampeggia
de l'ardor che la consuma:
quivi giunto il caval nero
contro il ciel forte springò
annitrendo; e il cavaliero
nel cratere inabissò.
Ma dal calabro confine
che mai sorge in vetta al monte?
Non è il sole, è un bianco crine;
non è il sole, è un'ampia fronte
sanguinosa, in un sorriso
di martirio e di splendor:
di Boezio è il santo viso,
del romano senator.

Piemonte

Giosuè Carducci

Su le dentate scintillanti vette
salta il camoscio, tuona la valanga
da' ghiacci immani rotolando per le
selve croscianti :
ma da i silenzi de l'effuso azzurro
esce nel sole l'aquila, e distende
in tarde ruote digradanti il nero
volo solenne.
Salve, Piemonte! A te con melodia
mesta da lungi risonante, come
gli epici canti del tuo popol bravo,
scendono i fiumi.
Scendono pieni, rapidi, gagliardi,
come i tuoi cento battaglioni, e a valle
cercan le deste a ragionar di gloria
ville e cittadi:
la vecchia Aosta di cesaree mura
ammantellata, che nel varco alpino
èleva sopra i barbari manieri
l'arco d'Augusto:
Ivrea la bella che le rosse torri
specchia sognando a la cerulea Dora
nel largo seno, fosca intorno è l'ombra

di re Arduino:
Biella tra 'I monte e il verdeggiar de' piani
lieta guardante l'ubere convalle,
ch'armi ed aratri e a l'opera fumanti
camini ostenta:
Cuneo possente e pazïente, e al vago
declivio il dolce Mondovì ridente,
e l'esultante di castella e vigne
suol d'Aleramo;
e da Superga nel festante coro
de le grandi Alpi la regal Torino
incoronata di vittoria, ed Asti
repubblicana.
Fiera di strage gotica e de l'ira
di Federico, dal sonante fiume
ella, o Piemonte, ti donava il carme
novo d'Alfieri.
Venne quel grande, come il grande augello
ond'ebbe nome, e a l'umile paese
sopra volando, fulvo, irrequïeto,
—Italia, Italia—
gli gridava a' dissueti orecchi,
a i pigri cuori, a gli animi giacenti.
—Italia, Italia—rispondeano l'urne
d'Arquà e Ravenna:
e sotto il volo scricchiolaron l'ossa
sè ricercanti lungo il cimitero
de la fatal penisola a vestirsi
d'ira e di ferro.
-Italia, Italia!- E il popolo de' morti

surse cantando a chiedere la guerra;
e un re a la morte nel pallor del viso
sacro e nel cuore
trasse la spada. Oh anno de' portenti,
oh primavera de la patria, oh giorni,
ultimi giorni del fiorente maggio,
oh trionfante
suon de la prima italica vittoria
che mi percosse il cuor fanciullo! Ond'io,
vate d'Italia a la stagion più bella,
in grige chiome
oggi ti canto, o re de' miei verd'anni,
re per tant'anni bestemmiato e pianto,
che via passasti con la spada in pugno
ed il cilicio
al cristian petto, italo Amleto. Sotto
il ferro e il fuoco del Piemonte, sotto
di Cuneo 'l nerbo e l'impeto d'Aosta
sparve il nemico.
Languido il tuon de l'ultimo cannone
dietro la fuga austrïaca morìa:
il re a cavallo discendeva contra
il sol cadente:
a gli accorrenti cavalieri in mezzo,
di fumo e polve e di vittoria allegri,
trasse, ed, un foglio dispiegato, disse
resa Peschiera.
Oh qual da i petti, memori de gli avi,
alte ondeggiando le sabaude insegne,
surse fremente un solo grido: Viva

il re d'Italia!
Arse di gloria, rossa nel tramonto.
l'ampia distesa del lombardo piano;
palpitò il lago di Virgilio, come
velo di sposa
che s'apre al bacio del promesso amore:
pallido, dritto su l'arcione, immoto,
gli occhi fissava il re: vedeva l'ombra
del Trocadero.
E lo aspettava la brumal Novara
e a' tristi errori mèta ultima Oporto.
Oh sola e cheta in mezzo de' castagni
villa del Douro,
che in faccia il grande Atlantico sonante
a i lati ha il fiume fresco di camelie,
e albergò ne la indifferente calma
tanto dolore!
Sfaceasi; e nel crepuscolo de i sensi
tra le due vite al re davanti corse
una miranda visïon: di Nizza
il marinaro
biondo che dal Gianicolo spronava
contro l'oltraggio gallico: d'intorno
splendeagli, fiamma di piropo al sole,
l'italo sangue.
Su gli occhi spenti scese al re una stilla,
lenta errò l'ombra d'un sorriso. Allora
venne da l'alto un vol di spirti, e cinse
del re la morte.
Innanzi a tutti, o nobile Piemonte,

quei che a Sfacteria dorme e in Alessandria
diè a l'aure primo il tricolor, Santorre
di Santarosa.
E tutti insieme a Dio scortaron l'alma
di Carl'Alberto.—Eccoti il re, Signore,
che ne disperse, il re che ne percosse.
Ora, o Signore,
anch'egli è morto, come noi morimmo,
Dio, per l'Italia. Rendine la patria.
A i morti, a i vivi, pe 'I fumante sangue
da tutt'i campi,
per il dolore che le regge agguaglia
a le capanne, per la gloria, Dio,
che fu ne gli anni, pe 'I martirio, Dio,
che è ne l'ora,
a quella polve eroïca fremente,
a questa luce angelica esultante,
rendi la patria, Dio; rendi l'Italia
a gl'italiani.
Ceresole reale, 27 luglio 1890

Pianto antico

Giosuè Carducci

L'albero a cui tendevi
la pargoletta mano,
il verde melograno
da' bei vermigli fiori

nel muto orto solingo
rinverdì tutto or ora,
e giugno lo ristora
di luce e di calor.

Tu fior de la mia pianta
percossa e inaridita,
tu de l'inutil vita
estremo unico fior,

sei ne la terra fredda,
sei ne la terra negra;
né il sol più ti rallegra
né ti risveglia amor.

La cavallina storna

Giovanni Pascoli

Nella Torre il silenzio era già alto.
Sussurravano i pioppi del Rio Salto.
I cavalli normanni alle lor poste
frangean la biada con rumor di croste.
Là in fondo la cavalla era, selvaggia,
nata tra i pini su la salsa spiaggia;
che nelle froge avea del mar gli spruzzi ancora,
e gli urli negli orecchi aguzzi.
Con su la greppia un gomito, da essa
era mia madre; e le dicea sommessa:
O cavallina, cavallina storna,
che portavi colui che non ritorna;
tu capivi il suo cenno ed il suo detto!
Egli ha lasciato un figlio giovinetto;
l primo d'otto tra miei figli e figlie;
e la sua mano non toccò mai briglie.
Tu che ti senti ai fianchi l'uragano,
tu dài retta alla sua piccola mano.
Tu ch'hai nel cuore la marina brulla,
tu dài retta alla sua voce fanciulla".
La cavalla volgea la scarna testa
verso mia madre, che dicea più mesta:

"O cavallina, cavallina storna,
che portavi colui che non ritorna;
lo so, lo so, che tu l'amavi forte!
Con lui c'eri tu sola e la sua morte.
O nata in selve tra l'ondate e il vento,
tu tenesti nel cuore il tuo spavento;
sentendo lasso nella bocca il morso,
nel cuor veloce tu premesti il corso:
adagio seguitasti la tua via,
perché facesse in pace l'agonia..."
La scarna lunga testa era daccanto
al dolce viso di mia madre in pianto.
"O cavallina, cavallina storna,
che portavi colui che non ritorna;
oh! due parole egli dovè pur dire!
E tu capisci, ma non si ridire.
Tu con le briglie sciolte tra le zampe,
con dentro gli occhi il fuoco delle vampe,
con negli orecchi l'eco degli scoppi,
seguitasti la via tra gli alti pioppi:
lo riportavi tra il morir del sole,
perché udissimo noi le sue parole".
Stava attenta la lunga testa fiera.
Mia madre l'abbracciò su la criniera
"O cavallina, cavallina storna,
portavi a casa sua chi non ritorna!
A me, chi non ritornerà più mai!
Tu fosti buona... Ma parlar non sai!
Tu non sai, poverina; altri non osa.
Oh! ma tu devi dirmi una una cosa!

Tu l'hai veduto l'uomo che l'uccise:
esso t'è qui nelle pupille fise.
Chi fu? Chi è? Ti voglio dire un nome.
E tu fa cenno. Dio t'insegni, come".
Ora, i cavalli non frangean la biada:
dormian sognando il bianco della strada.
La paglia non battean con l'unghie vuote:
dormian sognando il rullo delle ruote.
Mia madre alzò nel gran silenzio un dito:
disse un nome... Sonò alto un nitrito.

Poesia scritta in seguito alla morte del padre, avvenuta in circostanze misteriose nell'agosto del 1867

10 Agosto

Giovanni Pascoli

San Lorenzo , io lo so perché tanto
di stelle per l'aria tranquilla
arde e cade, perché si gran pianto
nel concavo cielo sfavilla.
Ritornava una rondine al tetto:
l'uccisero: cadde tra i spini;
ella aveva nel becco un insetto:
la cena dei suoi rondinini.
Ora è là, come in croce, che tende
quel verme a quel cielo lontano;
e il suo nido è nell'ombra, che attende,
che pigola sempre più piano.
Anche un uomo tornava al suo nido:
l'uccisero: disse: Perdono;
e restò negli aperti occhi un grido:
portava due bambole in dono.
Ora là, nella casa romita,
lo aspettano, aspettano in vano:
egli immobile, attonito, addita
le bambole al cielo lontano.
E tu, Cielo, dall'alto dei mondi
sereni, infinito, immortale,

oh! d'un pianto di stelle lo inondi
quest'atomo opaco del Male!
San Lorenzo, io lo so perché un così gran numero
di stelle nell'aria serena
s'incendia e cade, perché un così gran pianto
risplende nel cielo.

L'infinito

Giacomo Leopardi

Sempre caro mi fu quest'ermo colle,
e questa siepe, che da tanta parte
dell'ultimo orizzonte il guardo esclude.
Ma sedendo e mirando, interminati
spazi di là da quella, e sovrumani
silenzi, e profondissima quïete
io nel pensier mi fingo, ove per poco
il cor non si spaura. E come il vento
odo stormir tra queste piante, io quello
infinito silenzio a questa voce
vo comparando: e mi sovvien l'eterno,
e le morte stagioni, e la presente
e viva, e il suon di lei. Così tra questa
immensità s'annega il pensier mio:
e il naufragar m'è dolce in questo mare.

Tanto gentile e tanto onesta pare

Dante Alighieri

Tanto gentil e tanto onesta pare
la donna mia quand'ella altrui saluta,
ch'ogne lingua deven tremando muta,
e li occhi no l'ardiscon di guardare.
Ella si va, sentendosi laudare,
benignamente d'umilta' vestuta;
e par che sia una cosa venuta
da cielo in terra a miracol mostrare.
Mostrasi si' piacente a chi la mira,
che da' per li occhi una dolcezza al core,
che 'ntender non la puo' chi no la prova;
e par che de la sua labbia si mova
uno spirito soave pien d'amore,
che va dicendo a l'anima: Sospira.

(Dante Alighieri da "Vita Nova")

La quiete dopo la tempesta

Giacomo Leopardi

Passata è la tempesta:
odo augelli far festa, e la gallina,
tornata in su la via,
che ripete il suo verso. Ecco il sereno
rompe là da ponente, alla montagna;
sgombrasi la campagna,
e chiaro nella valle il fiume appare.
Ogni cor si rallegra, in ogni lato
risorge il romorio
torna il lavoro usato.
L'artigiano a mirar l'umido cielo,
con l'opra in man, cantando,
fassi in su l'uscio; a prova
vien fuor la femminetta a còr dell'acqua
della novella piova;
e l'erbaiuol rinnova
di sentiero in sentiero
il grido giornaliero.
Ecco il Sol che ritorna, ecco sorride
per li poggi e le ville. Apre i balconi,
apre terrazzi e logge la famiglia:
e, dalla via corrente, odi lontano

tintinnio di sonagli; il carro stride
del passegger che il suo cammin ripiglia.
Si rallegra ogni core.
Sì dolce, sì gradita
quand'è, com'or, la vita?
Quando con tanto amore
l'uomo a' suoi studi intende?
O torna all'opre? O cosa nova imprende?
Quando de' mali suoi men si ricorda?
Piacer figlio d'affanno;
gioia vana, ch'è frutto
del passato timore, onde si scosse
e paventò la morte
chi la vita abborria;
onde in lungo tormento,
fredde, tacite, smorte,
sudàr le genti e palpitàr, vedendo
mossi alle nostre offese
folgori, nembi e vento.
O natura cortese,
son questi i doni tuoi,
questi i diletti sono
che tu porgi ai mortali. Uscir di pena
è diletto fra noi.
pene tu spargi a larga mano; il duolo
spontaneo sorge: e di piacer, quel tanto
che per mostro e miracolo talvolta
nasce d'affanno, è gran guadagno. Umana
prole cara agli eterni! assai felice
se respirar ti lice

d'alcun dolor: beata
se te d'ogni dolor morte risana.

43

Valentino

Giovanni Pascoli

Oh! Valentino vestito di nuovo,
come le brocche dei biancospini!
Solo, ai piedini provati dal rovo
porti la pelle de' tuoi piedini;
porti le scarpe che mamma ti fece,
che non mutasti mai da quel dì,
che non costarono un picciolo: in vece
costa il vestito che ti cucì.
Costa; chè mamma già tutto ci spese
quel tintinnante salvadanaio:
ora esso è vuoto; e cantò più d'un mese
per riempirlo, tutto il pollaio.
Pensa, a gennaio, che il fuoco del ciocco
non ti bastava, tremavi, ahimè!,
e le galline cantavano, Un cocco!
ecco ecco un cocco un cocco per te!
Poi, le galline chiocciarono, e venne
marzo, e tu, magro contadinello,
restasti a mezzo, così con le penne,
ma nudi i piedi, come un uccello:
come l'uccello venuto dal mare,
che tra il ciliegio salta, e non sa

ch'oltre il beccare, il cantare, l'amare,
ci sia qualch'altra felicità.

46

La tomba nel Busento

August graf von Platen
(nella traduzione di Giosuè Carducci)

Cupi a notte canti suonano
da Cosenza su 'l Busento,
cupo il fiume li rimormora
dal suo gorgo sonnolento.
Su e giù pe 'l fiume passano
e ripassano ombre lente:
Alarico i Goti piangono,
il gran morto di lor gente.
Ahi sì presto e da la patria
così lungi avrà il riposo,
mentre ancor bionda per gli ómeri
va la chioma al poderoso!
Del Busento ecco si schierano
su le sponde i Goti a pruova,
e dal corso usato il piegano
dischiudendo una via nuova.
Dove l'onde pria muggivano
cavan, cavano la terra;
e profondo il corpo calano,
a cavallo, armato in guerra.
Lui di terra anche ricoprono

e gli arnesi d'òr lucenti:
de l'eroe crescan su l'umida
fossa l'erbe de i torrenti!
Poi, ridotto a i noti tramiti,
il Busento lasciò l'onde
per l'antico letto valide
spumeggiar tra le due sponde.
Cantò allora un coro d'uomini:
-Dormi, o re, ne la tua gloria!
Man romana mai non vìoli
la tua tomba e la memoria!-
Cantò, e lungo il canto udivasi
per le schiere gote errare:
recal tu, Busento rapido,
recal tu da mare a mare.

A Silvia

Giacomo Leopardi

Silvia, rimembri ancora
quel tempo della tua vita mortale,
quando beltà splendea
negli occhi tuoi ridenti e fuggitivi,
e tu, lieta e pensosa, il limitare
di gioventù salivi?
Sonavan le quiete
stanze, e le vie dintorno,
al tuo perpetuo canto,
allor che all'opre femminili intenta
sedevi, assai contenta
di quel vago avvenir che in mente avevi.
Era il maggio odoroso: e tu solevi
così menare il giorno.
Io gli studi leggiadri
talor lasciando e le sudate carte,
ove il tempo mio primo
e di me si spendea la miglior parte,
d'in su i veroni del paterno ostello
porgea gli orecchi al suon della tua voce,
ed alla man veloce
che percorrea la faticosa tela.

Mirava il ciel sereno,
le vie dorate e gli orti,
e quinci il mar da lungi, e quindi il monte.
Lingua mortal non dice
quel ch'io sentiva in seno.
Che pensieri soavi,
che speranze, che cori, o Silvia mia!
Quale allor ci apparia
la vita umana e il fato!
Quando sovviemmi di cotanta speme,
un affetto mi preme
acerbo e sconsolato,
e tornami a doler di mia sventura.
o natura, o natura,
perché non rendi poi
quel che prometti allor? Perché di tanto
inganni i figli tuoi?
Tu pria che l'erbe inaridisse il verno,
da chiuso morbo combattuta e vinta,
perivi, o tenerella. E non vedevi
il fior degli anni tuoi;
non ti molceva il core
la dolce lode or delle negre chiome,
or degli sguardi innamorati e schivi;
né teco le compagne ai dì festivi
ragionavan d'amore.
Anche peria fra poco
la speranza mia dolce: agli anni miei
anche negaro i fati
la giovanezza. Ahi come,

come passata sei,
cara compagna dell'età mia nova,
mia lacrimata speme!
Questo è quel mondo? Questi
i diletti, l'amor, l'opre, gli eventi
onde cotanto ragionammo insieme?
Questa la sorte dell'umane genti?
All'apparir del vero
tu, misera, cadesti: e con la mano
la fredda morte ed una tomba ignuda
mostravi di lontano.

Guido, i'vorrei che tu e Lapo ed io

Dante Alighieri
(*da Dante a Guido Cavalcanti*)

Guido, i' vorrei che tu e Lapo ed io
fossimo presi per incantamento
e messi in un vasel, ch'ad ogni vento
per mare andasse al voler vostro e mio;
sì che fortunal od altro tempo rio
non ci potesse dare impedimento,
anzi, vivendo sempre in un talento,
di stare insieme crescesse 'l disio.
E monna Vanna e monna Lagia poi
con quella ch'è sul numer de le trenta
con noi ponesse il buono incantatore:
e quivi ragionar sempre d'amore,
e ciascuna di lor fosse contenta,
sì come i' credo che saremmo noi.

Chiare, fresche e dolci acque

Francesco Petrarca
(da "il canzoniere")

Chiare, fresche e dolci acque,
ove le belle membra
pose colei che sola a me par donna;
gentil ramo ove piacque
(con sospir' mi rimembra)
a lei di fare al bel fianco colonna;
erba e fior' che la gonna
leggiadra ricoverse
co l'angelico seno;
aere sacro, sereno,
ove Amor co' begli occhi il cor m'aperse:
date udïenza insieme
a le dolenti mie parole estreme.
S'egli è pur mio destino
e 'l cielo in ciò s'adopra,
ch'Amor quest'occhi lagrimando chiuda,
qualche gratia il meschino
corpo fra voi ricopra,
e torni l'alma al proprio albergo ignuda.
La morte fia men cruda
se questa spene porto

a quel dubbioso passo:
chè lo spirito lasso
non poria mai in più riposato porto
né in più tranquilla fossa
fuggir la carne travagliata e l'ossa.
Tempo verrà ancor forse
ch'a l'usato soggiorno
torni la fera bella e mansüeta,
e là 'v'ella mi scorse
nel benedetto giorno,
volga la vista disïosa e lieta,
cercandomi; e, o pietà!,
già terra in fra le pietre
vedendo, Amor l'inspiri
in guisa che sospiri
sì dolcemente che mercè m'impetre,
e faccia forza al cielo,
asciugandosi gli occhi col bel velo.
Da' be' rami scendea
(dolce ne la memoria)
una pioggia di fior' sovra 'l suo grembo;
ed ella si sedea
umile in tanta gloria,
coverta già de l'amoroso nembo.
Qual fior cadea sul lembo,
qual su le treccie bionde,
ch'oro forbito e perle
eran quel dì a vederle;
qual si posava in terra, e qual su l'onde;
qual con un vago errore

girando parea dir: - Qui regna Amore. –
Quante volte diss'io
allor pien di spavento:
Costei per fermo nacque in paradiso.
Così carco d'oblio
il divin portamento
e 'l volto e le parole e 'l dolce riso
m'aveano, e sì diviso
da l'imagine vera,
ch'i' dicea sospirando:
Qui come venn'io, o quando
credendo d'esser in ciel, non là dov'era.
Da indi in qua mi piace
quest'erba sì, ch'altrove non ò pace.
Se tu avessi ornamenti quant'ài voglia,
poresti arditamente
uscir del bosco, et gir in fra la gente.

La pioggia nel pineto

Gabriele D'Annunzio
(da "Alcyone")

Data di composizione ignota. Probabile fra la metà di luglio 1902 e la metà
dell'agosto dell'anno successivo

Taci. Su le soglie
del bosco non odo
parole che dici
umane; ma odo
parole più nuove
che parlano gocciole e foglie
lontane.
Ascolta. Piove
dalle nuvole sparse.
Piove su le tamerici
salmastre ed arse,
piove su i pini
scagliosi ed irti,
piove su i mirti
divini,
su le ginestre fulgenti
di fiori accolti,
su i ginepri folti
di coccole aulenti,
piove su i nostri volti
silvani,

piove su le nostre mani
ignude,
su i nostri vestimenti
leggieri,
su i freschi pensieri
che l'anima schiude
novella,
su la favola bella
che ieri
t'illuse, che oggi m'illude,
o Ermione.
Odi? La pioggia cade
su la solitaria
verdura
con un crepitìo che dura
e varia nell'aria
secondo le fronde
più rade, men rade.
Ascolta. Risponde
al pianto il canto
delle cicale
che il pianto australe
non impaura,
né il ciel cinerino.
E il pino
ha un suono, e il mirto
altro suono, e il ginepro
altro ancóra, stromenti
diversi
sotto innumerevoli dita.

E immersi
noi siam nello spirto
silvestre,
d'arborea vita viventi;
e il tuo volto ebro
è molle di pioggia
come una foglia,
e le tue chiome
auliscono come
le chiare ginestre,
o creatura terrestre
che hai nome
Ermione.
Ascolta, ascolta. L'accordo
delle aeree cicale
a poco a poco
più sordo
si fa sotto il pianto
che cresce;
ma un canto vi si mesce
più roco
che di laggiù sale,
dall'umida ombra remota.
Più sordo e più fioco
s'allenta, si spegne.
Sola una nota
ancor trema, si spegne,
risorge, trema, si spegne.
Non s'ode voce del mare.
Or s'ode su tutta la fronda

Crosciare
l'argentea pioggia
che monda,
il croscio che varia
secondo la fronda
più folta, men folta.
Ascolta.
La figlia dell'aria
è muta; ma la figlia
del limo lontana,
la rana,
canta nell'ombra più fonda,
chi sa dove, chi sa dove!
E piove su le tue ciglia,
Ermione.
Piove su le tue ciglia nere
sì che par tu pianga
ma di piacere; non bianca
ma quasi fatta virente,
par da scorza tu esca.
E tutta la vita è in noi fresca
aulente,
il cuor nel petto è come pesca
intatta,
tra le pàlpebre gli occhi
son come polle tra l'erbe,
i denti negli alvèoli
con come mandorle acerbe.
E andiam di fratta in fratta,
or congiunti or disciolti

(e il verde vigor rude
ci allaccia i mallèoli
c'intrica i ginocchi)
chi sa dove, chi sa dove!
E piove su i nostri vólti
silvani,
piove su le nostre mani
ignude,
su i nostri vestimenti
leggieri,
su i freschi pensieri
che l'anima schiude
novella,
su la favola bella
che ieri
m'illuse, che oggi t'illude,
o Ermione.

5 Maggio

Alessandro Manzoni

Ei fu. Siccome immobile,
dato il mortal sospiro,
stette la spoglia immemore
orba di tanto spiro,
così percossa, attonita
la terra al nunzio sta,
muta pensando all'ultima
ora dell'uom fatale;
né sa quando una simile
orma di pie' mortale
la sua cruenta polvere
a calpestar verrà.
Lui folgorante in solio
vide il mio genio e tacque;
quando, con vece assidua,
cadde, risorse e giacque,
di mille voci al sònito
mista la sua non ha:
vergin di servo encomio
e di codardo oltraggio,
sorge or commosso al sùbito
sparir di tanto raggio;

e scioglie all'urna un cantico
che forse non morrà.
Dall'Alpi alle Piramidi,
dal Manzanarre al Reno,
di quel securo il fulmine
tenea dietro al baleno;
scoppiò da Scilla al Tanai,
dall'uno all'altro mar.
Fu vera gloria? Ai posteri
l'ardua sentenza: nui
chiniam la fronte al Massimo
Fattor, che volle in lui
del creator suo spirito
più vasta orma stampar.
La procellosa e trepida
gioia d'un gran disegno,
l'ansia d'un cor che indocile
serve, pensando al regno;
e il giunge, e tiene un premio
ch'era follia sperar;
tutto ei provò: la gloria
maggior dopo il periglio,
la fuga e la vittoria,
la reggia e il tristo esiglio;
due volte nella polvere,
due volte sull'altar.
Ei si nomò: due secoli,
l'un contro l'altro armato,
sommessi a lui si volsero,
come aspettando il fato;

ei fe' silenzio, ed arbitro
s'assise in mezzo a lor.
E sparve, e i dì nell'ozio
chiuse in sì breve sponda,
segno d'immensa invidia
e di pietà profonda,
d'inestinguibil odio
e d'indomato amor.
Come sul capo al naufrago
l'onda s'avvolve e pesa,
l'onda su cui del misero,
alta pur dianzi e tesa,
scorrea la vista a scernere
prode remote invan;
tal su quell'alma il cumulo
delle memorie scese.
Oh quante volte ai posteri
narrar se stesso imprese,
e sull'eterne pagine
cadde la stanca man!
Oh quante volte, al tacito
morir d'un giorno inerte,
chinati i rai fulminei,
le braccia al sen conserte,
stette, e dei dì che furono
l'assalse il sovvenir!
E ripensò le mobili
tende, e i percossi valli,
e il lampo de' manipoli,
e l'onda dei cavalli,

e il concitato imperio
e il celere ubbidir.
Ahi! forse a tanto strazio
cadde lo spirto anelo,
e disperò; ma valida
venne una man dal cielo,
e in più spirabil aere
pietosa il trasportò;
e l'avvïò, pei floridi
sentier della speranza,
ai campi eterni, al premio
che i desideri avanza,
dov'è silenzio e tenebre
la gloria che passò.
Bella Immortal! benefica
Fede ai trïonfi avvezza!
Scrivi ancor questo, allegrati;
chè più superba altezza
al disonor del Gòlgota
giammai non si chinò.
Tu dalle stanche ceneri
sperdi ogni ria parola:
il Dio che atterra e suscita,
che affanna e che consola,
sulla deserta coltrice
accanto a lui posò.

(La poesia è dedicata a Napoleone Bonaparte)

Lo spavento notturno

IDILLIO V
Giacomo Leopardi

Alceta
Odi, Melisso: io vo' contarti un sogno
di questa notte, che mi torna a mente
in riveder la luna. Io me ne stava
a la finestra che risponde al prato,
guardando in alto: ed ecco a l'improvviso
distaccasi la luna; e mi parea
che quanto nel cader s'approssimava,
tanto crescesse al guardo; infin che venne
a dar di colpo in mezzo al prato; ed era
grande quanto una secchia, e di scintille
vomitava una nebbia, che stridea
sì forte come quando un carbon vivo
ne l'acqua immergi e spegni. Anzi a quel modo
la luna, come ho detto, in mezzo al prato
si spegneva, annerando, a poco a poco;
e ne fumavan l'erbe intorno intorno.
Allor mirando in ciel, vidi rimaso
come un barlume, o un'orma, anzi una nicchia,
ond'ella fosse svelta: in guisa ch'io
n'agghiacciava; e ancor non m'assicuro.

Melisso.
E ben hai che temer, chè agevol cosa
fora cader la luna in sul tuo campo.
Alceta.
Chi sa? non veggiam noi spesso di state
cader le stelle?
Melisso.
Egli ci ha tante stelle,
che picciol danno è cader l'una o l'altra
di loro, e mille rimaner. Ma sola
ha questa luna in ciel, che da nessuno
cader fu vista mai se non in sogno.

IL Tuono

Giovanni Pascoli

E nella notte nera come il nulla,
a un tratto, con fragor d'arduo dirupo
che frana, il tuono rimbombò di schianto:
nrimbombò, rimbalzò, rotolò cupo,
e tacque, e poi rimareggiò rinfranto,
e poi vanì. Soave allora un canto
s'udì di madre, e il moto di una culla.

Il lampo

Giovanni Pascoli

E cielo e terra si mostrò qual era:
la terra ansante, livida, in sussulto;
il cielo ingombro, tragico, disfatto:
bianca bianca nel tacito tumulto
una casa apparì sparì d'un tratto;
come un occhio, che, largo, esterrefatto,
s'aprì si chiuse, nella notte nera.

Il sabato del villaggio

Giacomo Leopardi

La donzelletta vien dalla campagna,
in sul calar del sole,
col suo fascio dell'erba; e reca in mano
un mazzolin di rose e di viole,
onde, siccome suole,
ornare ella si appresta
dimani, al dì di festa, il petto e il crine.
Siede con le vicine
su la scala a filar la vecchierella,
incontro là dove si perde il giorno;
e novellando vien del suo buon tempo,
quando ai dì della festa ella si ornava,
ed ancor sana e snella
solea danzar la sera intra di quei
ch'ebbe compagni dell'età più bella.
Già tutta l'aria imbruna,
torna azzurro il sereno, e tornan l'ombre
giù dà colli e dà tetti,
al biancheggiar della recente luna.
Or la squilla dà segno
della festa che viene;
ed a quel suon diresti

che il cor si riconforta.
I fanciulli gridando
su la piazzuola in frotta,
e qua e là saltando,
fanno un lieto romore:
e intanto riede alla sua parca mensa,
fischiando, il zappatore,
e seco pensa al dì del suo riposo.
Poi quando intorno è spenta ogni altra face,
e tutto l'altro tace,
odi il martel picchiare, odi la sega
del legnaiuol, che veglia
nella chiusa bottega alla lucerna,
e s'affretta, e s'adopra
di fornir l'opra anzi il chiarir dell'alba.
Questo di sette è il più gradito giorno,
pien di speme e di gioia:
diman tristezza e noia
recheran l'ore, ed al travaglio usato
ciascuno in suo pensier farà ritorno.
Garzoncello scherzoso,
cotesta età fiorita
è come un giorno d'allegrezza pieno,
giorno chiaro, sereno,
che precorre alla festa di tua vita.
Godi, fanciullo mio; stato soave,
stagion lieta è cotesta.
Altro dirti non vò; ma la tua festa
ch'anco tardi a venir non ti sia grave.

La foglia

Umberto Saba

Io sono come quella foglia, guarda,
sul nudo ramo, che un prodigio ancora
tiene attaccata.
Negami dunque. Non ne sia rattristata
la bella età che a un'ansia ti colora,
e per me a slanci infantili s'attarda.
Dimmi tu addio, se a me dirlo non riesce.
Morire è nulla; perderti è difficile.

Città vecchia

Umberto Saba
(da Trieste e una donna, 1910-12)

Spesso, per ritornare alla mia casa
prendo un'oscura via di città vecchia.
Giallo in qualche pozzanghera si specchia
qualche fanale, e affollata è la strada.
Qui tra la gente che viene che va
dall'osteria alla casa o al lupanare,
dove son merci ed uomini il detrito
di un gran porto di mare,
io ritrovo, passando, l'infinito
nell'umiltà.
Qui prostituta e marinaio, il vecchio
che bestemmia, la femmina che bega,
il dragone che siede alla bottega
del friggitore,
la tumultuante giovane impazzita
d'amore,
sono tutte creature della vita
e del dolore;
s'agita in esse, come in me, il Signore.
Qui degli umili sento in compagnia
il mio pensiero farsi

più puro dove più turpe è la via.

(La poesia ha ispirato La canzone "La città vecchia" di Fabrizio de Andrè).

Solo, fra i mesti miei pensieri, in riva

Vittorio Alfieri

Solo, fra i mesti miei pensieri, in riva
al mar là dove il tosco fiume ha foce,
con Fido il mio destrier pian pian men giva;
e muggìan l'onde irate in suon feroce.
Quell'ermo lido, e il gran fragor mi empiva
il cuor (cui fiamma inestinguibil cuoce)
d'alta malinconia; ma grata, e priva
di quel suo pianger, che pur tanto nuoce.
Dolce oblio di mie pene e di me stesso
nella pacata fantasia piovea;
e senza affanno sospirava io spesso:
quella, ch'io sempre bramo, anco parea
cavalcando venirne a me dappresso...
Nullo error mai felice al par mi fea.

Ecco mormorar l'onde

Torquato Tasso

Ecco mormorar l'onde
e tremolar le fronde
a l'aura mattutina e glarborselli
e sovra i rami i va-gh'augelli
cantar soavemente
e rider l'oriente
ecco gi l'al b'appare
e si specchia nel mare
e rasserena il cielo
e imperla il dolce gielo
e gl'alti monti indora
o bella e vagh'aurora
l'aurora e tua messagiera
e tu de l'aura
ch'o gn'arso co ristaura.

Occhi miei belli

Ludovico Ariosto

Occhi miei belli, mentre ch' i' vi miro,
per dolcezza inefabil ch'io ne sento,
vola, come falcon c' ha seco il vento,
la memoria da me d'ogni martìro;
e tosto che da voi le luci giro,
amaricato resto in tal tormento
che, s' ebbi mai piacer, non lo ramento:
ne va il ricordo col primier sospiro.
Non sarei di vedervi già sì vago
s' io sentissi giovar, come la vista,
l'aver di voi nel cor sempre l'imago.
Invidia è ben se 'l guardar mio vi attrista;
e tanto più che quello ond' io m' appago
nulla a voi perde, ed a me tanto acquista.

Voi che per li occhi mi passaste 'l core

Guido Cavalcanti

Voi che per li occhi mi passaste 'l core
e destaste la mente che dormia,
guardate a l'angosciosa vita mia,
che sospirando la distrugge Amore.
È vèn tagliando di sì gran valore,
che' deboletti spiriti van via:
riman figura sol en segnoria
e voce alquanta, che parla dolore.
Questa vertù d'amor che m'ha disfatto
da' vostr'occhi gentil'presta si mosse:
un dardo mi gittò dentro dal fianco.
Sì giunse ritto 'l colpo al primo tratto
che l'anima tremando si riscosse
veggendo morto 'l cor nel lato manco.

L'amore degli amanti

Pietro Trapassi (Pietro Metastasio)

È l'amore degli amanti
come l'araba fenice:
che vi sia, ciascun lo dice;
dove sia, nessun lo sa.

Vecchiaia

Pietro Trapassi (Pietro Metastasio)

Chiamo ogni giorno ai consueti uffici
le castalidi dee: ma più non hanno
cura di me le sacre mie nutrici.
In van tempro la cetra, in van m'affanno,
chè ritrosi adattarsi i detti miei
all'armoniche leggi or più non sanno.
Qual ne sia la cagione io non saprei:
so che poco or mi val quanto adunai
da' Toschi, da' Latini e dagli Achei.
Forse è vizio del clima, a' pigri rai
del vicino Orion: forse l'ingegno
cangiò natura, e intorpidisce ormai.

Il passero solitario

Giacomo Leopardi

D'in su la vetta della torre antica,
passero solitario, alla campagna
cantando vai finché non more il giorno;
ed erra l'armonia per questa valle.
Primavera dintorno
brilla nell'aria, e per li campi esulta,
sì ch'a mirarla intenerisce il core.
Odi greggi belar, muggire armenti;
gli altri augelli contenti, a gara insieme
per lo libero ciel fan mille giri,
pur festeggiando il lor tempo migliore:
tu pensoso in disparte il tutto miri;
non compagni, non voli
non ti cal d'allegria, schivi gli spassi;
canti, e così trapassi
dell'anno e di tua vita il più bel fiore.
Oimè, quanto somiglia
al tuo costume il mio! Sollazzo e riso,
della novella età dolce famiglia,
e te german di giovinezza, amore,
sospiro acerbo de' provetti giorni,
non curo, io non so come; anzi da loro

quasi fuggo lontano;
quasi romito, e strano
al mio loco natio,
passo del viver mio la primavera.
Questo giorno ch'omai cede alla sera,
festeggiar si costuma al nostro borgo.
Odi per lo sereno un suon di squilla,
odi spesso un tonar di ferree canne,
che rimbomba lontan di villa in villa.
Tutta vestita a festa
la gioventù del loco
lascia le case, e per le vie si spande;
e mira ed è mirata, e in cor s'allegra.
Io solitario in questa
rimota parte alla campagna uscendo,
ogni diletto e gioco
indugio in altro tempo: e intanto il guardo
steso nell'aria aprica
mi fere il Sol che tra lontani monti,
dopo il giorno sereno,
cadendo si dilegua, e par che dica
che la beata gioventù vien meno.
Tu, solingo augellin, venuto a sera
del viver che daranno a te le stelle,
certo del tuo costume
non ti dorrai; che di natura è frutto
ogni vostra vaghezza.
A me, se di vecchiezza
la detestata soglia
evitar non impetro,

quando muti questi occhi all'altrui core,
e lor fia vóto il mondo, e il dì futuro
del dì presente più noioso e tetro,
che parrà di tal voglia?
Che di quest'anni miei? Che di me stesso?
Ahi pentirommi, e spesso,
ma sconsolato, volgerommi indietro.

La sera del dì di festa

Giacomo Leopardi

Dolce e chiara è la notte e senza vento,
e queta sovra i tetti e in mezzo agli orti
posa la luna, e di lontan rivela
serena ogni montagna. O donna mia,
già tace ogni sentiero, e pei balconi
rara traluce la notturna lampa:
tu dormi, che t'accolse agevol sonno
nelle tue chete stanze; e non ti morde
cura nessuna; e già non sai né pensi
quanta piaga m'apristi in mezzo al petto.
Tu dormi: io questo ciel, che sì benigno
appare in vista, a salutar m'affaccio,
e l'antica natura onnipossente,
che mi fece all'affanno. A te la speme
nego, mi disse, anche la speme; e d'altro
non brillin gli occhi tuoi se non di pianto.
Questo dì fu solenne: or da' trastulli
prendi riposo; e forse ti rimembra
in sogno a quanti oggi piacesti, e quanti
piacquero a te: non io, non già, ch'io speri,
al pensier ti ricorro. Intanto io chieggo
quanto a viver mi resti, e qui per terra

mi getto, e grido, e fremo. Oh giorni orrendi
in così verde etate! Ahi, per la via
odo non lunge il solitario canto
dell'artigian, che riede a tarda notte,
dopo i sollazzi, al suo povero ostello;
e fieramente mi si stringe il core,
a pensar come tutto al mondo passa,
e quasi orma non lascia. Ecco è fuggito
il dì festivo, ed al festivo il giorno
volgar succede, e se ne porta il tempo
ogni umano accidente. Or dov'è il suono
di que' popoli antichi?Or dov'è il grido
e' nostri avi famosi, e il grande impero
di quella Roma, e l'armi, e il fragorio
che n'andò per la terra e l'oceano?
Tutto è pace e silenzio, e tutto posa
il mondo, e più di lor non si ragiona.
Nella mia prima età, quando s'aspetta
bramosamente il dì festivo, or poscia
ch'egli era spento, io doloroso, in veglia,
premea le piume; ed alla tarda notte
un canto che s'udia per li sentieri
lontanando morire a poco a poco,
già similmente mi stringeva il core.

La quiete dopo la tempesta

Giacomo Leopardi

Passata è la tempesta:
odo augelli far festa, e la gallina,
tornata in su la via,
che ripete il suo verso. Ecco il sereno
rompe là da ponente, alla montagna;
sgombrasi la campagna,
e chiaro nella valle il fiume appare.
Ogni cor si rallegra, in ogni lato
risorge il romorio
torna il lavoro usato
l'artigiano a mirar l'umido cielo,
con l'opra in man, cantando,
fassi in su l'uscio; a prova
vien fuor la femminetta a còr dell'acqua
della novella piova;
e l'erbaiuol rinnova
di sentiero in sentiero
il grido giornaliero.
Ecco il Sol che ritorna, ecco sorride
per li poggi e le ville. Apre i balconi,
apre terrazzi e logge la famiglia:
e, dalla via corrente, odi lontano

tintinnio di sonagli; il carro stride
del passegger che il suo cammin ripiglia.
Si rallegra ogni core
sì dolce, sì gradita
quand'è, com'or, la vita?
Quando con tanto amore
l'uomo a' suoi studi intende?
O torna all'opre? O cosa nova imprende?
Quando de' mali suoi men si ricorda?
Piacer figlio d'affanno;
gioia vana, ch'è frutto
del passato timore, onde si scosse
e paventò la morte
chi la vita abborria;
onde in lungo tormento,
fredde, tacite, smorte,
sudàr le genti e palpitàr, vedendo
mossi alle nostre offese
folgori, nembi e vento.
O natura cortese,
son questi i doni tuoi,
questi i diletti sono
che tu porgi ai mortali. Uscir di pena
è diletto fra noi.
Pene tu spargi a larga mano; il duolo
spontaneo sorge: e di piacer, quel tanto
che per mostro e miracolo talvolta
nasce d'affanno, è gran guadagno. Umana
prole cara agli eterni! assai felice
se respirar ti lice

d'alcun dolor: beata
se te d'ogni dolor morte risana.

Marradi

Dino Campana

Il vecchio castello che ride sereno sull'alto
la valle canora dove si snoda l'azzurro fiume
che rotto e muggente a tratti canta epopea
e sereno riposa in larghi specchi d'azzurro
vita e sogno che in fondo alla mistica valle
agitate l'anima dei secoli passati:
ora per voi la speranza
nell'aria ininterrottamente
sopra l'ombra del bosco che la annega
sale in lontano appello
insaziabilmente
batte al mio cuor che trema di vertigine.

L'amica di Nonna Speranza

Guido Gozzano
28 giugno 1850
«...alla sua Speranza
la sua Carlotta....»
(dall'album: dedica d'una fotografia)

I.

Loreto impagliato ed il busto d'Alfieri, di Napoleone
i fiori in cornice (le buone cose di pessimo gusto),
il caminetto un po' tetro, le scatole senza confetti,
i frutti di marmo protetti dalle campane di vetro,
un qualche raro balocco, gli scrigni fatti di valve,
gli oggetti col monito, salve, ricordo, le noci di cocco,
Venezia ritratta a musaici, gli acquarelli un po' scialbi,
le stampe, i cofani, gli albi dipinti d'anemoni arcaici,
le tele di Massimo d'Azeglio, le miniature,
i dagherottipi: figure sognanti in perplessita',
il gran lampadario vetusto che pende a mezzo il salone
e immilla nel quarzo le buone cose di pessimo gusto,
il cucu dell'ore che canta, le sedie parate a damasco
chermisi... rinasco, rinasco del mille ottocento cinquanta!

II.

I fratellini alla sala quest'oggi non possono accedere
che cauti (hanno tolte le fodere ai mobili. E' giorno di gala).
Ma quelli v'irrompono in frotta. E' giunta, e' giunta in vacanza
la grande sorella Speranza con la compagna Carlotta.
Ha diciassett'anni la Nonna! Carlotta quasi lo stesso:
da poco hanno avuto il permesso d'aggiungere un cerchio alla
gonna,
il cerchio ampissimo increspa la gonna a rose turchine.
Piu' snella da la crinoline emerge la vita di vespa.
Entrambe hanno uno scialle ad arancie a fiori a uccelli a
ghirlande;
divisi i capelli in due bande scendenti a mezzo le guance.
Han fatto l'esame piu' egregio di tutta la classe. Che affanno
passato terribile! Hanno lasciato per sempre il collegio.
Silenzio, bambini! Le amiche *-bambini, fate pian piano!* –
le amiche provano al piano un fascio di musiche antiche.
Motivi un poco artefatti nel secentismo fronzuto
di Arcangelo del Leuto e d'Alessandro Scarlatti.
Innamorati dispersi, gementi il core e l'augello,
languori del Giordanello in dolci bruttissimi versi:
...

...caro mio ben
credimi almen!
senza di te
languisce il cor!
Il tuo fedel
sospira ognor,
cessa crudel

tanto rigor!

...

Carlotta canta. Speranza suona. Dolce e fiorita
si schiude alla breve romanza di mille promesse la vita.
O musica! Lieve sussurro! E gia' nell'animo ascoso
d'ognuna sorride lo sposo promesso: il Principe Azzurro,
lo sposo dei sogni sognati... O margherite in collegio
sfogliate per sortilegio sui teneri versi del Prati!

III.

Giungeva lo Zio, signore virtuoso, di molto riguardo,
ligio al Passato, al Lombardo-Veneto, all'Imperatore;
giungeva la Zia, ben degna consorte, molto dabbene,
ligia al passato, sebbene amante del Re di Sardegna...
«Baciate la mano alli Zii!» - dicevano il Babbo e la Mamma,
e alzavano il volto di fiamma ai piccolini restii.
*«E questa è l'amica in vacanza: madamigella Carlotta
Capenna: l'alunna più dotta, l'amica più cara a Speranza.»*
«Ma bene... ma bene... ma bene...» - diceva gesuitico e tardo
lo Zio di molto riguardo *«Ma bene... ma bene... ma bene...
Capenna? Conobbi un Arturo Capenna... Capenna... Capenna...
Sicuro! Alla Corte di Vienna! Sicuro... sicuro... sicuro...»*
«Gradiscono un po' di moscato?» *«Signora sorella magari...»*
E con un sorriso pacato sedevano in bei conversari.
«...ma la Brambilla non seppe...» - *«E' pingue già per
l'Ernani...»*
«La Scala non ha più soprani...» - *«Che vena quel Verdi...
Giuseppe!...»*
*«...nel marzo avremo un lavoro alla Fenice, m'han detto,
nuovissimo: il* Rigoletto. *Si parla d'un capolavoro.»*
«...Azzurri si portano o grigi?» - *«E questi orecchini? Che bei
rubini! E questi cammei...»* - *«la gran novita' di Parigi...»*
*«...Radetzki? Ma che? L'armistizio... la pace, la pace che
regna...»*
«...quel giovine Re di Sardegna è uomo di molto giudizio!»
«E' certo uno spirito insonne, e forte e vigile e scaltro...»
«E' bello?» - *«Non bello: tutt'altro.»* - *«Gli piacciono molto le
donne...»*
«Speranza!» (chinavansi piano, in tono un po' sibillino)

«*Carlotta! Scendete in giardino: andate a giocare al volano!*»
Allora le amiche serene lasciavano con un perfetto
inchino di molto rispetto gli Zii molto dabbene.

IV.

Oime'! che giocando un volano, troppo respinto all'assalto,
non piu' ridiscese dall'alto dei rami d'un ippocastano!
S'inchinano sui balaustri le amiche e guardano il Lago
sognando l'amore presago nei loro bei sogni trilustri.
«Ah! se tu vedessi che bei denti!» - *«Quant'anni?...»* -
«Ventotto.»
«Poeta?» - *«Frequenta il salotto della Contessa Maffei!»*
Non vuole morire, non langue il giorno. S'accende piu' ancora
di porpora: come un'aurora stigmatizzata di sangue;
si spenge infine, ma lento. I monti s'abbrunano in coro:
il Sole si sveste dell'oro, la Luna si veste d'argento.
Romantica Luna fra un nimbo leggiero, che baci le chiome
dei pioppi, arcata siccome un sopracciglio di bimbo,
il sogno di tutto un passato nella tua curva s'accampa:
non sorta sei da una stampa del Novelliere Illustrato?
Vedesti le case deserte di Parisina la bella?
Non forse non forse sei quella amata dal giovine Werther?
«...mah! Sogni di la' da venire!» - *«Il Lago s'è fatto più denso
di stelle»* - *«...che pensi?»* - *«...Non penso.»* - *«...Ti piacerebbe
morire?»*
«Si'!» - *«Pare che il cielo riveli più stelle nell'acqua e più lustri.
Inchinati sui balaustri: sognamo così, tra due cieli...»*
«Son come sospesa! Mi libro nell'alto...» - *«Conosce Mazzini...»*

- «E l'ami?...» - «Che versi divini!» - «Fu lui a donarmi quel libro,
ricordi? che narra siccome, amando senza fortuna,
un tale si uccida per una, per una che aveva il mio nome.»

V.

Carlotta! nome non fine, ma dolce che come l'essenze
risusciti le diligenze, lo scialle, le crinoline...
Amica di Nonna, conosco le aiuole per ove leggesti
i casi di Jacopo mesti nel tenero libro del Foscolo.
Ti fisso nell'albo con tanta tristezza, ov'e' di tuo pugno
la data: vent'otto di giugno del mille ottocento cinquanta.
Stai come rapita in un cantico: lo sguardo al cielo profondo
e l'indice al labbro, secondo l'atteggiamento romantico.
Quel giorno - malinconia - vestivi un abito rosa,
per farti - novissima cosa! - ritrarre in fotografia...
Ma te non rivedo nel fiore, amica di Nonna! Ove sei
o sola che, forse, potrei amare, amare d'amore?

Al cor gentil rempaira sempre amore

Guido Guinizelli

Al cor gentil rempaira sempre amore
come l'ausello in selva a la verdura;
né fe' amor anti che gentil core,
né gentil core anti ch'amor, natura:
ch'adesso con' fu 'l sole,
sì tosto lo splendore fu lucente,
né fu davanti 'l sole;
e prende amore in gentilezza loco
così propïamente
come calore in clarità di foco.
Foco d'amore in gentil cor s'aprende
come vertute in petra prezïosa,
che da la stella valor no i discende
anti che 'l sol la faccia gentil cosa;
poi che n'ha tratto fòre
per sua forza lo sol ciò che li è vile,
stella li dà valore:
così lo cor ch'è fatto da natura
asletto, pur, gentile,
donna a guisa di stella lo 'nnamora.
Amor per tal ragion sta 'n cor gentile
per qual lo foco in cima del doplero:

splendeli al su' diletto, clar, sottile;
no li stari' altra guisa, tant'è fero.
Così prava natura
recontra amor come fa l'aigua il foco
caldo, per la freddura.
Amore in gentil cor prende rivera
per suo consimel loco
com'adamàs del ferro in la minera.
Fere lo sol lo fango tutto 'l giorno:
vile reman, né 'l sol perde calore;
dis'omo alter: «*Gentil per sclatta torno*»;
lui semblo al fango, al sol gentil valore:
chè non dè dar om fè
che gentilezza sia fòr di coraggio
in degnità d'ere'
sed a vertute non ha gentil core,
com'aigua porta raggio
e 'l ciel riten le stelle e lo splendore.
Splende 'n la 'ntelligenzïa del cielo
Deo crïator più che ['n] nostr'occhi 'l sole:
ella intende suo fattor oltra 'l cielo,
e 'l ciel volgiando, a Lui obedir tole;
e con' segue, al primero,
del giusto Deo beato compimento,
così dar dovria, al vero,
la bella donna, poi che ['n] gli occhi splende
del suo gentil, talento
che mai di lei obedir non si disprende.
Donna, Deo mi dirà: «*Che presomisti?*»,
sïando l'alma mia a lui davanti.

«Lo ciel passasti e 'nfin a Me venisti
e desti in vano amor Me per semblanti:
ch'a Me conven le laude
e a la reina del regname degno,
per cui cessa onne fraude».
Dir Li porò: «Tenne d'angel sembianza
che fosse del Tuo regno;
non me fu fallo, s'in lei posi amanza».

Il trionfo di Bacco e Arianna

Lorenzo de' Medici

Quant'è bella giovinezza,
che si fugge tuttavia!
Chi vuol esser lieto, sia:
di doman non c'è certezza.
Quest'è Bacco e Arianna,
belli, e l'un dell'altro ardenti:
perché 'l tempo fugge e inganna,
sempre insieme stan contenti.
Queste ninfe ed altre genti
sono allegre tuttavia.
Chi vuol esser lieto, sia:
di doman non c'è certezza.
Questi lieti satiretti,
delle ninfe innamorati,
per caverne e per boschetti
han lor posto cento agguati;
or, da Bacco riscaldati,
ballon, salton tuttavia.
Chi vuol esser lieto, sia:
di doman non c'è certezza.
Queste ninfe anche hanno caro
da lor essere ingannate:

non può fare a Amor riparo
se non gente rozze e ingrate:
ora, insieme mescolate,
suonon, canton tuttavia.
Chi vuol esser lieto, sia:
di doman non c'è certezza.
Questa soma, che vien drieto
sopra l'asino, è Sileno:
così vecchio, è ebbro e lieto,
se non può star ritto, almeno
ride e gode tuttavia.
Chi vuol esser lieto, sia:
di doman non c'è certezza.
Mida vien drieto a costoro:
ciò che tocca, oro diventa.
E che gioia aver tesoro,
s'altri poi non si contenta?
Che dolcezza vuoi che senta
chi ha sete tuttavia?
Chi vuol esser lieto, sia:
di doman non c'è certezza.
Ciascun apra ben gli orecchi,
di doman nessun si paschi;
oggi siàn, giovani e vecchi,
lieti ognun, femmine e maschi;
ogni tristo pensier caschi:
facciam festa tuttavia.
Chi vuol esser lieto, sia:
di doman non c'è certezza.
Donne e giovinetti amanti,

viva Bacco e viva Amore!
Ciascun suoni, balli e canti!
Arda di dolcezza il core!
Non fatica, non dolore!
Ciò c'ha esser, convien sia.
Chi vuol esser lieto, sia:
di doman non c'è certezza.

Il Presepe

Guido Gozzano

La pecorina di gesso,
sulla collina in cartone,
chiede umilmente permesso,
ai Magi in adorazione.
Splende come acquamarina
il lago, freddo e un po' tetro,
chiuso fra la borraccina,
verde illusione di 'vetro.
Lungi nel tempo, e vicino,
nel sogno (pianto e mistero)
c'è accanto a Gesù Bambino,
un bue giallo, un ciuco nero.

Pasqua

Guido Gozzano

A festoni la grigia parietaria
come una bimba gracile s'affaccia
ai muri della casa centenaria.
Il ciel di pioggia è tutto una minaccia
sul bosco triste, chè lo intrica il rovo
spietatamente, con tenaci braccia.
Quand'ecco dai pollai sereno e nuovo
il richiamo di Pasqua empie la terra
con l'antica pia favola dell'ovo.

La signorina Felicita
Ovvero la felicità

Guido Gozzano
(10 luglio: Santa Felicita)

I.

Signorina Felicita, a quest'ora
scende la sera nel giardino antico
della tua casa. Nel mio cuore amico
scende il ricordo. E ti rivedo ancora,
e Ivrea rivedo e la cerulea Dora
e quel dolce paese che non dico.
Signorina Felicita, è il tuo giorno!
A quest'ora che fai? Tosti il caffè:
e il buon aroma si diffonde intorno?
O cuci i lini e canti e pensi a me,
all'avvocato che non fa ritorno?
E l'avvocato è qui: che pensa a te.
Pensa i bei giorni d'un autunno addietro,
Vill'Amarena a sommo dell'ascesa
coi suoi ciliegi e con la sua Marchesa
dannata, e l'orto dal profumo tetro
di busso e i cocci innumeri di vetro
sulla cinta vetusta, alla difesa...
Vill'Amarena! Dolce la tua casa
in quella grande pace settembrina!

La tua casa che veste una cortina
di granoturco fino alla cimasa:
come una dama secentista, invasa
dal Tempo, che vestì da contadina.
Bell'edificio triste inabitato!
Grate panciute, logore, contorte!
Silenzio! Fuga dalle stanze morte!
Odore d'ombra! Odore di passato!
Odore d'abbandono desolato!
Fiabe defunte delle sovrapporte!
Ercole furibondo ed il Centauro,
le gesta dell'eroe navigatore,
Fetonte e il Po, lo sventurato amore
d'Arianna, Minosse, il Minotauro,
Dafne rincorsa, trasmutata in lauro
tra le braccia del Nume ghermitore...
Penso l'arredo - che malinconia! –
penso l'arredo squallido e severo,
antico e nuovo: la pirografia
sui divani corinzi dell'Impero,
la cartolina della Bella Otero
alle specchiere... Che malinconia!
Antica suppellettile forbita!
Armadi immensi pieni di lenzuola
che tu rammendi paziente... Avita
semplicità che l'anima consola,
semplicità dove tu vivi sola
con tuo padre la tua semplice vita!

II.

Quel tuo buon padre - in fama d'usuraio –
quasi bifolco, m'accoglieva senza
inquietarsi della mia frequenza,
mi parlava dell'uve e del massaio,
mi confidava certo antico guaio
notarile, con somma deferenza.
"Senta, avvocato..." E mi traeva inqueto
nel salone, talvolta, con un atto
che leggeva lentissimo, in segreto.
Io l'ascoltavo docile, distratto
da quell'odor d'inchiostro putrefatto,
da quel disegno strano del tappeto,
da quel salone buio e troppo vasto...
"...la Marchesa fuggì... Le spese cieche..."
da quel parato a ghirlandette, a greche...
"dell'ottocento e dieci, ma il catasto..."
da quel tic-tac dell'orologio guasto...
"...l'ipotecario è morto, e l'ipoteche..."
Capiva poi che non capivo niente
e sbigottiva: *"Ma l'ipotecario
è morto, è morto!!..."*. – *"E se l'ipotecario
è morto, allora..."* Fortunatamente
tu comparivi tutta sorridente:
"Ecco il nostro malato immaginario!".

III.

Sei quasi brutta, priva di lusinga
nelle tue vesti quasi campagnole,
ma la tua faccia buona e casalinga,
ma i bei capelli di color di sole,
attorti in minutissime trecciuole,
ti fanno un tipo di beltà fiamminga...
E rivedo la tua bocca vermiglia
così larga nel ridere e nel bere,
e il volto quadro, senza sopracciglia,
tutto sparso d'efelidi leggiere
e gli occhi fermi, l'iridi sincere
azzurre d'un azzurro di stoviglia...
Tu m'hai amato. Nei begli occhi fermi
rideva una blandizie femminina.
Tu civettavi con sottili schermi,
tu volevi piacermi, Signorina:
e più d'ogni conquista cittadina
mi lusingò quel tuo voler piacermi!
Ogni giorno salivo alla tua volta
pel soleggiato ripido sentiero.
Il farmacista non pensò davvero
un'amicizia così bene accolta,
quando ti presentò la prima volta
l'ignoto villeggiante forestiero.
Talora - già la mensa era imbandita –
mi trattenevi a cena. Era una cena
d'altri tempi, col gatto e la falena
e la stoviglia semplice e fiorita
e il commento dei cibi e Maddalena

decrepita, e la siesta e la partita...
Per la partita, verso ventun'ore
giungeva tutto l'inclito collegio
politico locale: il molto Regio
Notaio, il signor Sindaco, il Dottore;
ma - poichè trasognato giocatore –
quei signori m'avevano in dispregio...
M'era più dolce starmene in cucina
tra le stoviglie a vividi colori:
tu tacevi, tacevo, Signorina:
godevo quel silenzio e quegli odori
tanto tanto per me consolatori,
di basilico d'aglio di cedrina...
Maddalena con sordo brontolio
disponeva gli arredi ben detersi,
rigovernava lentamente ed io,
già smarrito nei sogni più diversi,
accordavo le sillabe dei versi
sul ritmo eguale dell'acciottolio.
Sotto l'immensa cappa del camino
(in me rivive l'anima d'un cuoco
forse...) godevo il sibilo del fuoco;
la canzone d'un grillo canterino
mi diceva parole, a poco a poco,
e vedevo Pinocchio e il mio destino...
Vedevo questa vita che m'avanza:
chiudevo gli occhi nei presagi grevi;
aprivo gli occhi: tu mi sorridevi,
ed ecco rifioriva la speranza!
Giungevano le risa, i motti brevi

dei giocatori, da quell'altra stanza.

IV.

Bellezza riposata dei solai
dove il rifiuto secolare dorme!
In quella tomba, tra le vane forme
di ciò ch'è stato e non sarà più mai,
bianca bella così che sussultai,
la Dama apparve nella tela enorme:
"è quella che lascò, per infortuni,
la casa al nonno di mio nonno... E noi
la confinammo nel solaio, poi
che porta pena... L'han veduta alcuni
lasciare il quadro; in certi noviluni
s'ode il suo passo lungo i corridoi...".
Il nostro passo diffondeva l'eco
tra quei rottami del passato vano,
e la Marchesa dal profilo greco,
altocinta, l'un piede ignudo in mano,
si riposava all'ombra d'uno speco
arcade, sotto un bel cielo pagano.
Intorno a quella che rideva illusa
nel ricco peplo, e che morì di fame,
v'era una stirpe logora e confusa:
topaie, materassi, vasellame,
lucerne, ceste, mobili: ciarpame
reietto, così caro alla mia Musa!
Tra i materassi logori e le ceste
v'erano stampe di persone egregie;
incoronato dalle frondi regie
v'era Torquato nei giardini d'Este.
"Avvocato, perché su quelle teste

133

buffe si vede un ramo di ciliege?"
Io risi, tanto che fermammo il passo,
e ridendo pensai questo pensiero:
Oimè! La Gloria! un corridoio basso,
tre ceste, un canterano dell'Impero,
la brutta effigie incorniciata in nero
e sotto il nome di Torquato Tasso!
Allora, quasi a voce che richiama,
esplorai la pianura autunnale
dall'abbaino secentista, ovale,
a telaietti fitti, ove la trama
del vetro deformava il panorama
come un antico smalto innaturale.
Non vero (e bello) come in uno smalto
a zone quadre, apparve il Canavese:
Ivrea turrita, i colli di Montalto,
la Serra dritta, gli alberi, le chiese;
e il mio sogno di pace si protese
da quel rifugio luminoso ed alto.
Ecco - pensavo - questa è l'Amarena,
ma laggiù, oltre i colli dilettosi,
c'è il Mondo: quella cosa tutta piena
di lotte e di commerci turbinosi,
la cosa tutta piena di quei "cosi
con due gambe" che fanno tanta pena...
L'Eguagliatrice numera le fosse,
ma quelli vanno, spinti da chimere
vane, divisi e suddivisi a schiere
opposte, intesi all'odio e alle percosse:
così come ci son formiche rosse,

così come ci son formiche nere...
Schierati al sole o all'ombra della Croce,
tutti travolge il turbine dell'oro;
o Musa - oimè! - che puˉ giovare loro
il ritmo della mia piccola voce?
Meglio fuggire dalla guerra atroce
del piacere, dell'oro, dell'alloro...
L'alloro... Oh! Bimbo semplice che fui,
dal cuore in mano e dalla fronte alta!
Oggi l'alloro è premio di colui
che tra clangor di buccine s'esalta,
che sale cerretano alla ribalta
per far di sè favoleggiar altrui...
"Avvocato, non parla: che cos'ha?"
"Oh! Signorina! Penso ai casi miei,
a piccole miserie, alla città...
Sarebbe dolce restar qui, con Lei!..."
"Qui, nel solaio?..." – "Per l'eternità!"
"Per sempre? Accetterebbe?..." – "Accetterei!"
Tacqui. Scorgevo un atropo soletto
e prigioniero. Stavasi in riposo
alla parete: il segno spaventoso
chiuso tra l'ali ripiegate a tetto.
Come lo vellicai sul corsaletto
si librò con un ronzo lamentoso.
"Che ronzo triste!" – "è la Marchesa in pianto...
La Dannata sarà che porta pena..."
Nulla s'udiva che la sfinge in pena
e dalle vigne, ad ora ad ora, un canto:
O mio carino tu mi piaci tanto,

siccome piace al mar una sirena...
Un richiamo s'alzò, querulo e roco:
"è Maddalena inqueta che si tardi:
scendiamo; è l'ora della cena!". – "Guardi,
guardi il tramonto, là... Com'è di fuoco!...
Restiamo ancora un poco!" – "Andiamo, è tardi!"
"Signorina, restiamo ancora un poco!..."
Le fronti al vetro, chini sulla piana,
seguimmo i neri pippistrelli, a frotte;
giunse col vento un ritmo di campana,
disparve il sole fra le nubi rotte;
a poco a poco s'annunciò la notte
sulla serenità canavesana...
"Una stella!..." – "Tre stelle!..." – "Quattro stelle!..."
"Cinque stelle!" – "Non sembra di sognare?..."
Ma ti levasti su quasi ribelle
alla perplessità crepuscolare:
"Scendiamo! è tardi: possono pensare
che noi si faccia cose poco belle..."

V.

Ozi beati a mezzo la giornata,
nel parco dei marchesi, ove la traccia
restava appena dell'età passata!
Le Stagioni camuse e senza braccia,
fra mucchi di letame e di vinaccia,
dominavano i porri e l'insalata.
L'insalata, i legumi produttivi
deridevano il busso delle aiole;
volavano le pieridi nel sole
e le cetonie e i bombi fuggitivi...
Io ti parlavo, piano, e tu cucivi
innebriata dalle mie parole.
"Tutto mi spiace che mi piacque innanzi!
Ah! Rimanere qui, sempre, al suo fianco,
terminare la vita che m'avanzi
tra questo verde e questo lino bianco!
Se Lei sapesse come sono stanco
delle donne rifatte sui romanzi!
Vennero donne con proteso il cuore:
ognuna dileguò, senza vestigio.
Lei sola, forse, il freddo sognatore
educherebbe al tenero prodigio:
mai non comparve sul mio cielo grigio
quell'aurora che dicono: l'Amore..."
Tu mi fissavi... Nei begli occhi fissi
leggevo uno sgomento indefinito;
le mani ti cercai, sopra il cucito,
e te le strinsi lungamente, e dissi:
"Mia cara Signorina, se guarissi

137

ancora, mi vorrebbe per marito?".
"Perché mi fa tali discorsi vani?
Sposare, Lei, me brutta e poveretta!..."
E ti piegasti sulla tua panchetta
facendo al viso coppa delle mani,
simulando singhiozzi acuti e strani
per celia, come fa la scolaretta.
Ma, nel chinarmi su di te, m'accorsi
che sussultavi come chi singhiozza
veramente, né sa più ricomporsi:
mi parve udire la tua voce mozza
da gli ultimi singulti nella strozza:
"Non mi ten...ga mai più... tali dis...corsi!"
"Piange?" E tentai di sollevarti il viso
inutilmente. Poi, colto un fuscello,
ti vellicai l'orecchio, il collo snello...
Già tutta luminosa nel sorriso
ti sollevasti vinta d'improvviso,
trillando un trillo gaio di fringuello.
Donna: mistero senza fine bello!

VI.

Tu m'hai amato. Nei begli occhi fermi
luceva una blandizie femminina;
tu civettavi con sottili schermi,
tu volevi piacermi, Signorina;
e più d'ogni conquista cittadina
mi lusingò quel tuo voler piacermi!
Unire la mia sorte alla tua sorte
per sempre, nella casa centenaria!
Ah! Con te, forse, piccola consorte
vivace, trasparente come l'aria,
rinnegherei la fede letteraria
che fa la vita simile alla morte...
Oh! questa vita sterile, di sogno!
Meglio la vita ruvida concreta
del buon mercante inteso alla moneta,
meglio andare sferzati dal bisogno,
ma vivere di vita! Io mi vergogno,
sì, mi vergogno d'essere un poeta!
Tu non fai versi. Tagli le camicie
per tuo padre. Hai fatta la seconda
classe, t'han detto che la Terra è tonda,
ma tu non credi... E non mediti Nietzsche...
Mi piaci. Mi faresti più felice
d'un'intellettuale gemebonda...
Tu ignori questo male che s'apprende
in noi. Tu vivi i tuoi giorni modesti,
tutta beata nelle tue faccende.
Mi piace. Penso che leggendo questi
miei versi tuoi, non mi comprenderesti,

ed a me piace chi non mi comprende.
Ed io non voglio più essere io!
Non più l'esteta gelido, il sofista,
ma vivere nel tuo borgo natio,
ma vivere alla piccola conquista
mercanteggiando placido, in oblio
come tuo padre, come il farmacista...
Ed io non voglio più essere io!

VII.

Il farmacista nella farmacia
m'elogiava un farmaco sagace:
"Vedrà che dorme le sue notti in pace:
un sonnifero d'oro, in fede mia!"
Narrava, intanto, certa gelosia
con non so che loquacità mordace.
"Ma c'è il notaio pazzo di quell'oca!
Ah! quel notaio, creda: un capo ameno!
La Signorina è brutta, senza seno,
volgaruccia, Lei sa, come una cuoca...
E la dote... la dote è poca, poca:
diecimila, chi sa, forse nemmeno..."
"Ma dunque?" – *"C'è il notaio furibondo*
con Lei, con me che volli presentarla
a Lei; non mi saluta, non mi parla..."
"è geloso?" – *"Geloso! Un finimondo!..."*
"Pettegolezzi!..." – *"Ma non Le nascondo*
che temo, temo qualche brutta ciarla..."
"Non tema! Parto." – *"Parte? E va lontana?"*
"Molto lontano... Vede, cade a mezzo
ogni motivo di pettegolezzo..."
"Davvero parte? Quando?" – *"In settimana..."*
Ed uscii dall'odor d'ipecacuana
nel plenilunio settembrino, al rezzo.
Andai vagando nel silenzio amico,
triste perduto come un mendicante.
Mezzanotte scoccò, lenta, rombante
su quel dolce paese che non dico.
La Luna sopra il campanile antico

pareva *"un punto sopra un I gigante"*.
In molti mesti e pochi sogni lieti,
solo pellegrinai col mio rimpianto
fra le siepi, le vigne, i castagneti
quasi d'argento fatti nell'incanto;
e al cancello sostai del camposanto
come s'usa nei libri dei poeti.
Voi che posate già sull'altra riva,
immuni dalla gioia, dallo strazio,
parlate, o morti, al pellegrino sazio!
Giova guarire? Giova che si viva?
O meglio giova l'Ospite furtiva
che ci affranca dal Tempo e dallo Spazio?
A lungo meditai, senza ritrarre
la tempia dalle sbarre. Quasi a scherno
s'udiva il grido delle strigi alterno...
La Luna, prigioniera fra le sbarre,
imitava con sue luci bizzarre
gli amanti che si baciano in eterno.
Bacio lunare, fra le nubi chiare
come di moda settant'anni fa!
Ecco la Morte e la Felicità!
L'una m'incalza quando l'altra appare;
quella m'esilia in terra d'oltremare,
questa promette il bene che sarà...

VIII.

Nel mestissimo giorno degli addii
mi piacque rivedere la tua villa.
La morte dell'estate era tranquilla
in quel mattino chiaro che salii
tra i vigneti già spogli, tra i pendii
già trapunti da bei colchici lilla.
Forse vedendo il bel fiore malvagio
che i fiori uccide e semina le brume,
le rondini addestravano le piume
al primo volo, timido, randagio;
e a me randagio parve buon presagio
accompagnarmi loro nel costume.
"Viaggio con le rondini stamane..."
"Dove andrà?" – "Dove andrò? Non so... Viaggio,
viaggio per fuggire altro viaggio...
Oltre Marocco, ad isolette strane,
ricche in essenze, in datteri, in banane,
perdute nell'Atlantico selvaggio...
Signorina, s'io torni d'oltremare,
non sarà d'altri già? Sono sicuro
di ritrovarla ancora? Questo puro
amore nostro salirà l'altare?"
E vidi la tua bocca sillabare
a poco a poco le sillabe: giuro.
Giurasti e disegnasti una ghirlanda
sul muro, di viole e di saette,
coi nomi e con la data memoranda:
trenta settembre novecentosette...
Io non sorrisi. L'animo godette

quel romantico gesto d'educanda.
Le rondini garrivano assordanti,
garrivano garrivano parole
d'addio, guizzando ratte come spole,
incitando le piccole migranti...
Tu seguivi gli stormi lontananti
ad uno ad uno per le vie del sole...
"Un altro stormo s'alza!..." – "Ecco s'avvia!"
"Sono partite..." – "E non le salutò!..."
"Lei devo salutare, quelle no:
quelle terranno la mia stessa via:
in un palmeto della Barberia
tra pochi giorni le ritroverò..."
Giunse il distacco, amaro senza fine,
e fu il distacco d'altri tempi, quando
le amate in bande lisce e in crinoline,
protese da un giardino venerando,
singhiozzavano forte, salutando
diligenze che andavano al confine...
M'apparisti così come in un cantico
del Prati, lacrimante l'abbandono
per l'isole perdute nell'Atlantico;
ed io fui l'uomo d'altri tempi, un buono
sentimentale giovine romantico...
Quello che fingo d'essere e non sono!

I pastori

Gabriele D'Annunzio

Settembre, andiamo. È tempo di migrare.
Ora in terra d'Abruzzi i miei pastori
lascian gli stazzi e vanno verso il mare:
scendono all'Adriatico selvaggio
che verde è come i pascoli dei monti.
Han bevuto profondamente ai fonti
alpestri, che sapor d'acqua natia
rimanga ne' cuori esuli a conforto,
che lungo illuda la lor sete in via.
Rinnovato hanno verga d'avellano.
E vanno pel tratturo antico al piano,
quasi per un erbal fiume silente,
su le vestigia degli antichi padri.
O voce di colui che primamente
conosce il tremolar della marina!
Ora lungh'esso il litoral cammina
La greggia. Senza mutamento è l'aria.
Il sole imbionda sì la viva lana
che quasi dalla sabbia non divaria.
Isciacquio, calpestio, dolci romori.
Ah perché non son io co' miei pastori?

Meriggio

Gabriele D'Annunzio
(1902)
da "Alcyone"

A mezzo il giorno
sul Mare etrusco
pallido verdicante
come il dissepolto
bronzo dagli ipogei, grava
la bonaccia. Non bava
di vento intorno
alita. Non trema canna
su la solitaria
spiaggia aspra di rusco,
di ginepri arsi. Non suona
voce, se acolto.
Riga di vele in panna
verso Livorno
biancica. Pel chiaro
silenzio il Capo Corvo
l'isola del Faro
scorgo; e più lontane,
forme d'aria nell'aria,
l'isole del tuo sdegno,

o padre Dante,
la Capraia e la Gorgona.
Marmorea corona
di minaccevoli punte,
le grandi Alpi Apuane
regnano il regno amaro,
dal loro orgoglio assunte.
La foce è come salso
stagno. Del marin colore,
per mezzo alle capanne,
per entro alle reti
che pendono dalla croce
degli staggi, si tace.
Come il bronzo sepolcrale
pallida verdica in pace
quella che sorridea.
Quasi letèa,
obliviosa, eguale,
segno non mostra
di corrente, non ruga
d'aura.La fuga
delle due rive
si chiude come in un cerchio
di canne, che circonscrive
l'oblìo silente; e le canne
non han susurri. Più foschi
i boschi di San Rossore
fan di sè cupa chiostra;
ma i più lontani,
verso il Gombo, verso il Serchio,

son quasi azzurri.
Dormono i Monti Pisani
coperti da inerti
cumuli di vapore.
Bonaccia, calura,
per ovunque silenzio.
L'Estate si matura
sul mio capo come un pomo
che promesso mi sia,
che cogliere io debba
con la mia mano,
che suggere io debba
con le mie labbra solo.
Perduta è ogni traccia
dell'uomo. Voce non suona,
se ascolto. Ogni duolo
umano m'abbandona.
Non ho più nome.
E sento che il mio vólto
s'indora dell'oro
meridiano,
e che la mia bionda
barba riluce
come la paglia marina;
sento che il lido rigato
con sì delicato
lavoro dell'onda
e dal vento è come
il mio palato, è come
il cavo della mia mano

ove il tatto s'affina.
E la mia forza supina
si stampa nell'arena,
diffondesi nel mare;
e il fiume è la mia vena,
il monte è la mia fronte,
la selva è la mia pube,
la nube è il mio sudore.
E io sono nel fiore
della stiancia, nella scaglia
della pina, nella bacca,
del ginepro: io son nel fuco,
nella paglia marina,
in ogni cosa esigua,
in ogni cosa immane,
nella sabbia contigua,
nelle vette lontane.
Ardo, riluco.
E non ho più nome.
E l'alpi e l'isole e i golfi
e i capi e i fari e i boschi
e le foci ch'io nomai
non han più l'usato nome
che suona in labbra umane.
Non ho più nome né sorte
tra gli uomini; ma il mio nome
è Meriggio. In tutto io vivo
tacito come la Morte.
E la mia vita è divina.

La sera fiesolana

Gabriele D'Annunzio

Fresche le mie parole ne la sera
ti sien come il fruscìo che fan le foglie
del gelso ne la man di chi le coglie
silenzioso e ancor s'attarda a l'opra lenta
su l'alta scala che s'annera
contro il fusto che s'inargenta
con le sue rame spoglie
mentre la Luna è prossima a le soglie
cerule e par che innanzi a sè distenda un velo
ove il nostro sogno giace
e par che la campagna già si senta
da lei sommersa nel notturno gelo
e da lei beva la sperata pace
senza vederla.
Laudata sii pel tuo viso di perla,
o Sera, e pe'; tuoi grandi umidi occhi ove si tace
l'acqua del cielo!
Dolci le mie parole ne la sera
ti sien come la pioggia che bruiva
tepida e fuggitiva,
commiato lacrimoso de la primavera,
su i gelsi e su gli olmi e su le viti

e su i pinidai novelli rosei diti
che giocano con l'aura che si perde,
e su 'l grano che non è biondo ancora
e non è verde,
e su 'l fieno che già patì la falce
e trascolora,
e su gli olivi, su i fratelli olivi
che fan di santità pallidi i clivi
e sorridenti.
Laudata sii per le tue vesti aulenti,
o Sera, e pel cinto che ti cinge come il salce
il fien che odora!
Io ti dirò verso quali reami
d'amor ci chiami il fiume, le cui fonti
eterne a l'ombra de gli antichi rami
parlano nel mistero sacro dei monti;
e ti dirò per qual segreto
le colline su i limpidi orizzonti
s'incurvino come labbra che un divieto
chiuda, e perché la volontà di dire
le faccia belle
oltre ogni uman desire
e nel silenzio lor sempre novelle
consolatrici, sì che pare
che ogni sera l'anima le possa amare
d'amor più forte.
Laudata sii per la tua pura morte,
o Sera, e per l'attesa che in te fa palpitare
le prime stelle!

Ulisse

Umberto Saba

Nella mia giovinezza ho navigato
lungo le coste dalmate. Isolotti
a fior d'onda emergevano, ove raro
un uccello sostava intento a prede,
coperti d'alghe, scivolosi, al sole
belli come smeraldi. Quando l'alta
marea e la notte li annullava, vele
sottovento sbandavano più al largo,
per fuggirne l'insidia. Oggi il mio regno
è quella terra di nessuno. Il porto
accende ad altri i suoi lumi; me al largo
sospinge ancora il non domato spirito,
e della vita il doloroso amore.

La mia sera

Giovanni Pascoli

Il giorno fu pieno di lampi;
ma ora verranno le stelle,
le tacite stelle. Nei campi
c'è un breve gre gre di ranelle.
Le tremule foglie dei pioppi
trascorre una gioia leggiera.
Nel giorno, che lampi! Che scoppi!
Che pace, la sera!
Si devono aprire le stelle
nel cielo sì tenero e vivo.
Là, presso le allegre ranelle,
singhiozza monotono un rivo.
Di tutto quel cupo tumulto,
di tutta quell'aspra bufera,
non resta che un dolce singulto
nell'umida sera.
E', quella infinita tempesta,
finita in un rivo canoro.
Dei fulmini fragili restano
cirri di porpora e d'oro.
O stanco dolore, riposa!
La nube nel giorno più nera

fu quella che vedo più rosa
nell'ultima sera.
Che voli di rondini intorno!
Che gridi nell'aria serena!
La fame del povero giorno
prolunga la garrula cena.
La parte, sì piccola, i nidi
nel giorno non l'ebbero intera.
Né io ... che voli, che gridi,
mia limpida sera!
Don ... Don ... E mi dicono, Dormi!
mi cantano, Dormi! sussurrano,
Dormi! bisbigliano, Dormi!
là, voci di tenebra azzurra ...
Mi sembrano canti di culla,
che fanno ch'io torni com'era ...
sentivo mia madre ... poi nulla ...
sul far della sera.

Che hai, paggio Fernando?

Giuseppe Giacosa
(da "una partita a scacchi", dialogo tra Iolanda e Fernando, scena seconda)

-Che hai, paggio Fernando? Non giuochi e non favelli.
-Ti guardavo negli occhi, che sono tanto belli.
-Ed io senza periglio decimo le tue schiere;
già perdesti una Torre, e do scacco all'Alfiere,
se non provvedi tosto a metterlo da banda.
Attento ai mali passi.
-Grazie, bella Iolanda.
Pensavo a mille cose lontane, e stavo muto
Per la triste certezza che tanto avrei perduto.
Eccomi a tal ridotto che un sol passo non feci.
-Vuoi tu, paggio Fernando, che mutiamo le veci?
-No, tienti la tua sorte e lasciami la mia.
-A te, non trovi nulla che t'ingombri la via?
-Oh la sventata! Vedi che ho messo il piede in fallo.
-Ti do scacco all'alfiere, e disarmo il Cavallo.
-Non ardirei di prenderlo, l'accetto come un dono.

E lucevan le Stelle

Giuseppe Giacosa – Luigi Illica

18 luglio

E lucevan le Stelle... e olezzava la terra.
Stridea l'uscio dell'orio...
E un passo sfiorava la rena...
Entrava ella, fragrante... mi cadea fra le braccia.
Oh, dolci baci, o languide carezza,
mentr'io fremente...
le belle forme disciogliea dai veli!
Svani per sempre il sogno mio d'amore!
L'ora è fuggita... e muoio disperato!
E non ho amato mai tanto la vita!...

Con la presente antologia non si intende violare diritti da chiunque ed a qualunque titolo eventualmente tenuti e di cui non siamo a conoscenza.

© 2012 Duilio Chiarle
Foto di copertina di Augusto Chiarle © 2011

Don't miss out!

Visit the website below and you can sign up to receive emails whenever Duilio Chiarle publishes a new book. There's no charge and no obligation.

https://books2read.com/r/B-A-RKNFD-BTARF

BOOKS 2 READ

Connecting independent readers to independent writers.

Did you love *Le grandi poesie italiane - Antologia di grandi poeti da Dante a Saba*? Then you should read *Le grandi poesie italiane Volume 2*[1] by Duilio Chiarle!

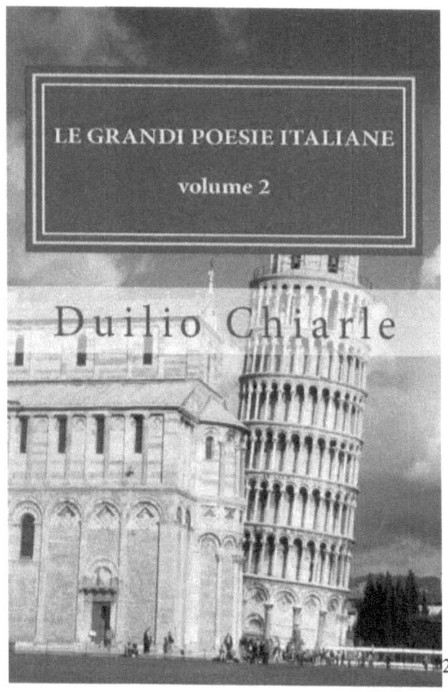

Read more at chiarleduilio.jimdo.com.

---

1. https://books2read.com/u/baVVBL

2. https://books2read.com/u/baVVBL

Also by Duilio Chiarle

Grandi poesie italiane
Le grandi poesie italiane - Antologia di grandi poeti da Dante a Saba
Le grandi poesie italiane Volume 2
Amore mio - antologia di grandi poesie d'amore italiane

La grande letteratura italiana
Saggio storico su "Una partita a scacchi di Giuseppe Giacosa"
Le pasquinate ovvero la grande satira
Storie di Vino: Antologia di grandi Autori dal medioevo al '900
Storie di scacchi ovvero gli scacchi nella letteratura italiana – I grandi autori italiani che hanno raccontato gli scacchi e la vita quotidiana dal medioevo al novecento
Tre storie italiane di fantascienza: Settembrini, Nievo, Salgari
Storie di caffè ovvero il caffè nella letteratura italiana
Storie di formaggio ovvero il formaggio nella letteratura italiana

Storie di birra - antologia di grandi autori della letteratura italiana
Storie di cioccolato - Antologia di grandi autori della letteratura italiana
Niente è come sembra: il culo nella letteratura italiana dal medioevo all'800
Storie di pipa ovvero la pipa nella letteratura italiana
Storie di guerra - Testimonianze dirette, dal medioevo alla prima guerra mondiale
Storie di gatti: i miei, i vostri, quelli raccontati dai grandi della letteratura italiana ovvero i gatti nella letteratura italiana dal medioevo al primo novecento

Storie della guerra fredda
La pelle del serpente

Standalone
Dieu li volt
Io sono Melody
La difesa Alekhine
Love Haiku
Paper Gods
The Doge of Venice and Other Stories
Domus aurea
Facezie, ovvero le barzellette di Leonardo da Vinci
Haiku d'amore
Dio è con Noi

Disarmony: Racconti Rosa "Sciocching"
Il Doge ed altre storie
La posta di Eustachio
Manuale di Giornalismo Investigativo
Meritokrazia
Oltre ogni Limite - Racconti ai Confini della realtà
I Naufraghi
Il Punto più Vicino al Cielo
Micronazioni: Storia dei più piccoli Paesi del Mondo
Gli dei di carta
L'Ultima Crociera
Scrittore fai da te: guida all'autopubblicazione
Ël Dòge e d'àutre stòrie
Jë dèi 'd carta - Comedia an unich at
I PAPI - i pontefici e le profezie papali di Malachia - storia e
curiosità
Mistero e leggenda nove enigmi inestricabili dall'isola non
trovata al caso Taman Shud
La pace - Storia e letteratura da Caino ai giorni nostri
Le figure del risorgimento senza risorgimentitori ovvero i
personaggi del risorgimento visti dai loro contemporanei
Le notti buie dei Franchi
TG - Commedia breve in atto unico
Tg Piemont - Comedia brev an at unich
Tre uomini a spasso: la scienza non può spiegare tutto...
I giorni di Oceli
Capolinea Ferrero
Fruntac - Il signore delle folgori
Muramasa
MURAMASA
DREAMWEAVERS

IL MARCHIO
I-AAXZ - L'ultimo volo dell'aereo del decennale che nessuno conosce

Watch for more at chiarleduilio.jimdo.com.

www.ingramcontent.com/pod-product-compliance
Lightning Source LLC
Chambersburg PA
CBHW061453150726
47987CB00001B/436